PROJET
D'UNE HISTOIRE DE LA VILLE
DE PARIS,
SUR UN PLAN NOUVEAU.

✻✻✻✻✻✻
✻✻✻✻✻
✻✻✻✻
✻✻✻

A HARLEM.

M. DCC. XXXIX.

PROJET D'UNE HISTOIRE DE LA VILLE DE PARIS,

SUR UN PLAN NOUVEAU,

Suivant lequel on donnera l'Histoire particuliere de chaque Paroisse de cette Ville.

LEs Sciences n'ont jamais été cultivées avec autant de succès, que dans ce Siécle, & surtout dans ce Royaume. Un gouvernement sage & éclairé qui les favorise, y entretient une émulation utile parmi les Savans. Plusieurs Compagnies illustres enrichissent à l'envi la République des Lettres d'une infinité de Découvertes importantes. L'étude de la Nature a pris la place du jargon Philosophique, qui a si long-tems regné dans les Ecoles. Les Arts & les Sciences se perfectionnent de jour en jour. Enfin le goût de la bonne Physique est si généralement répandu, que les Dames mêmes ne dédaignent pas de la mettre au nombre de leurs amusemens.

Mais n'a-t-on pas lieu de craindre, que l'attrait des Sciences amusantes ne fasse perdre insensiblement le goût de la Science solide ? N'approchons-nous pas du tems funeste prédit par cette Héroïne Littéraire, qui a pris des précautions si sages pour prévenir la corruption du goût ; & que j'appellerois volontiers la Chevaliere errante de l'érudition, si cette expression ne pouvoit recevoir quelque interprétation maligne ?

Tout le monde prend part à la fameuse Question de la figure de la Terre ; au système des Couleurs ; à la Philosophie Newtoniene. L'Histoire des Insectes ; des Observations sur la nature du Son ; sur le Phosphore, sur la culture & la coupe des Bois, & sur tant d'autres sujets également agréables & utiles, obtiennent l'attention & l'approbation du Public. Mais de savantes Dissertations sur les points les plus importans & les moins connus de l'Histoire ancienne, n'ont qu'un succès mediocre. Tandis que cès morceaux précieux répandent une lumiere délicieuse dans l'esprit de ceux, dont le goût s'est encore conservé dans sa pureté ; le plus grand nombre des Auditeurs les écoute sans intérêt : Voilà qui est très-beau, dit-on froidement ! Il y a là une érudition immense ; mais que nous importe d'être informés avec tant d'exactitude d'un grand nombre de particula-

ritès,

rités, qui doivent nous être indifférentes ?

Fatal aveuglement, qui annonce la décadence prochaine du savoir & de l'érudition, si les vrais Savans ne trouvent le moyen d'arrêter le progrès de l'ignorance !

Rien n'est plus important pour la gloire d'un Etat, & pour le bonheur des Citoïens, que de fixer la prééminence du rang entre les différentes connoissances, qui font l'objet de l'étude des Hommes. On convient que les Mathématiques & la Physique sont des Sciences estimables, qui donnent de la justesse & de l'étenduë à l'esprit ; qui perfectionnent les Arts, & qui procurent à la societé des avantages sans nombre. Mais elles doivent céder le premier rang aux connoissances qui méritent éminemment le nom de Science ; & c'est s'aveugler volontairement que de ne pas voir qu'un Géometre est un Géometre ; qu'un Physicien est un Physicien : mais que le véritable Savant est celui, qui par une étude infatigable, est parvenu à entasser dans son cerveau un nombre infini de faits, à qui l'Histoire des Assyriens & des Médes est beaucoup plus connuë que celle de son Païs : qui peut débroüiller le cahos des premieres Dynasties des Egyptiens ; & qui est bien mieux informé des Anecdotes de la vie d'Epaminondas & des autres Anciens, que de celles des Turennes & des Condés.

La connoissance des faits Historiques, est le véritable aliment de l'esprit : elle a fait l'occupation des premiers hommes. Ils ignoroient les Mathé-

Mathématiques, l'Astronomie, la Physique, la Navigation; mais ils écoutoient avidement le récit des merveilles dont leurs peres avoient été les témoins. Enfin, la multitude des évenemens accablant la mémoire, on a été obligé d'écrire la Tradition; c'est ce qu'on appelle Histoire, & ce qui fait encore aujourd'hui les délices de ceux qui ont conservé le goût précieux de cette science, la seule que la pure nature a presenté aux premiers hommes.

On a remarqué que les grands Génies, qui sont destinés à exceller dans quelque Art, laissent échaper dès leur enfance quelque trait, qui annonce leurs talens futurs. N...... dès l'âge de six ans, ébauchoit des figures informes avec du charbon, en guise de craïon. Pascal, encore enfant, traçoit des figures de Géometrie sur le sable. Le desir d'apprendre des faits se manifeste en nous dans tous les instans de la vie. Aussitôt qu'on se rencontre, on se demande: Comment vous portez-vous? C'est un fait dont on desire d'être informé. Qu'y a-t-il de nouveau? Que dit-on? Que fait-on? Toutes ces formules sont autant de preuves du besoin continuel d'apprendre des faits, qui est, pour ainsi dire, inné dans tous les hommes.

Pourroit-on croire que l'homme est destiné à s'occuper de Lignes, d'Angles, de Figures, de Puissances, d'extractions de Racines, de Longitude, de Latitude, de Sels acides ou alkali, de Pétrifications, de Plantes rangées par classes & par genres, &c? Que les Mathématiques

ques & la Physique joüissent du privilége d'être amusantes ; de perfectionner les Arts ; d'être une source inépuisable d'agrémens, & de procurer toutes les commodités de la vie : mais qu'elles cessent de disputer la superiorité du rang à la vraïe Science.

La connoissance des faits a sur les autres Sciences un grand avantage : on trouvera peut-être singulier que je le fasse valoir ici ; mais il est très-réel. C'est que la haute Géometrie & la Physique demandent un génie sublime, une sagacité, dont un très-petit nombre de gens sont capables : au lieu que les esprits les plus bornés ont toujours assez de lumieres pour s'occuper de la science des faits. Peut-être même que les génies transcendans n'ont pas les talens nécessaires pour devenir de médiocres Savans. Le Pere Malebranche étoit peu estimé de ses Confreres les Critiques & les Historiens. Exemple humiliant pour les Descartes, les Newtons & tant d'autres illustres Modernes !

Un autre avantage que l'Histoire a sur les autres Sciences, & dont il ne paroit pas que les Défenseurs de son excellence aïent fait usage jusqu'à présent, est que toutes les autres Sciences s'appauvrissent, & tendent à leur ruine, à mesure qu'elles se perfectionnent ; au lieu que l'Histoire s'enrichit tous les jours.

C'est l'espérance de faire de nouvelles découvertes qui entretient l'émulation des Savans. Lorsque les Géometres auront trouvé une méthode générale pour la mesure de toutes les especes péces de Courbes ; la quadrature du Cercle ; la trisection de l'Angle, & la solution de tous les problémes d'Algébre : Lorsqu'après un assez grand nombre d'Observations, les Astronomes connoitront, avec la derniere précision, les mouvemens des Astres, l'aberration de la lumiere des Etoiles fixes ; la théorie de la Lune ; si l'axe de la Terre ne s'écarte jamais de son parallelisme : Lorsque les Physiciens auront dévoilé tous les secrets de la Nature ; qu'ils auront fait l'analyse de tous les Mixtes ; qu'ils connoîtront les premiers principes des Corps ; que le secret de la transmutation des Metaux sera public : Lorsque les Botanistes seront enfin parvenus à ranger par classes, genres & espéces, toutes les Plantes ; car leur nombre est déterminé : Lorsque les Géographes auront fait la carte Topographique de tous les lieux de la Terre, avec autant d'exactitude que ...... a fait la Plan des environs de Paris : Lorsque le secret des Longitudes sera découvert, & que les Pilotes connoitront les Côtes, les Ecueils, les Caps, les Ports, les Baïes, les Anses de toutes les Mers & leur gisement, aussi-bien que le Patron de la Galiotte de Saint Cloud connoît les bords de la Seine de Paris à Seve ; alors, dis-je, toutes ces Sciences tomberont dans la langueur. Les Savans n'étant plus soûtenus par l'esperance de faire de nouvelles découvertes, renonceront aux Sciences amusantes, & les abandonneront aux Artisans. Il faudra nécessairement que toutes les Académies des Sciences se changent en autant

autant d'Académies d'Histoires.

Pourroit-on craindre de voir épuiser les richesses de cette Science? Qui ne voit que ses trésors s'accumulent de jour en jour par le seul laps du tems, sans autre peine que le soin de recüeillir les événemens : VIRES ACQUIRIT EUNDO. C'est un peloton de neige qui grossit en roulant. Un simple Recüeil de Gazettes, où les Faits bien circonstanciés seroient rapportés avec éxactitude, & accompagnés de Réfléxions Politiques, qui devineroient les motifs secrets des événemens, tel qu'on voit le Mercure Historique & Politique, ne fourniroit-il pas de très-bons materiaux pour un Corps d'Histoires.

Mais, dira-t-on, un Recüeil de Gazettes mérite-t-il d'avoir place dans les matériaux de l'Histoire? Plût à Dieu avoir perdu deux doigts de la main, & avoir un Recüeil de Gazettes du tems de Sémiramis & des premiers Rois Egyptiens! Quelles lumieres ne répandroit-il pas dans les ténébres de l'Histoire de ces tems!

Pour juger sainement de la force & de la solidité de ce raisonnement, transportons-nous à ces tems fortunés, où, après la révolution de dix mille Siécles, l'Histoire aura pris un éclat éblouïssant. Quel plaisir pour les Savans de ces tems heureux, de se voir, pour ainsi dire, noïés dans une mer immense de Volumes ; dont le plus intrépide Bibliographe ne sauroit esperer de lire une fois le Titre dans le cours d'une vie longue & laborieuse?

Je ne saurois penser, sans être saisi d'une horreur

horreur délicieuſe, à l'eſpace immenſe qu'occuperont alors les Bibliothéques. Un Edifice auſſi grand que toute la Ville de Paris, ſera un vaiſſeau trop petit. Le ſeul Recüeil des Mercures de France ſera composé de quatorze millions de volumes in-douze, à raiſon de quatorze volumes par année. Celui des Gazettes de France, d'un million de volumes in-quarto, ſans compter les Gazettes étrangeres & les Journaux Hiſtoriques.

Mais que dirons-nous de la continuation du Moreri? Peut-on s'empécher d'être effraïé du nombre prodigieux de ces épouvantables volumes, décorés des noms illuſtres qui auront paru ſur la Scéne pendant cette longue ſuite de Siécles? Sans parler de tant de milliers de noms inutiles, qui ne laiſſeront pas de figurer dans les Généalogies.

On comprendra facilement pourquoi nous ne faiſons ici mention que des Livres d'Hiſtoire; ce ſont les ſeuls dont la matiere eſt inépuiſable par ſon immenſité & par ſa durée. Plus de deux cens Membres de la Societé Roïale de Londres, de l'Académie Roïale des Sciences, de celles de Berlin & de Leipſick, peuvent à peine fournir trois petits in-quarto par année. Les évenemens qui arrivent dans le monde habité pendant un quart d'heure, & qui ſeroient d'excellens matériaux pour composer un Mercure Hiſtorique univerſel, rempliroient un gros in-folio. En rétranchant de chaque jour huit heures de ſommeil, (ce qui eſt la doſe ordinaire)

dinaire) il restera pour les matériaux de l'Histoire seize heures utiles, ce qui produit 64. in-folio par jour, & qui revient à 23376. pour chaque année ; y compris seize volumes qui sont le quart des 64. de plus pour l'année bissextile. Trois petits in-quarto des Recüeils des Académies des Sciences, comparés à 23376. gros in-folio du Mercure Historique universel ! Quelle misére ! D'ailleurs les Recüeils des Académies des Sciences finiront enfin faute de matiere. Toutes les autres sources de la Littérature tariront. Il n'y a que les faits Historiques qui se multiplieront de quart-d'heure en quart-d'heure, jusqu'à la fin des Siécles.

Il est évident que les autres sources de la Littérature tariront. Puisqu'en matiére de Piéces de Théatre, les genres nouveaux sont des MONSTRES DRAMATIQUES ; dès qu'on ne fera qu'imiter les genres connus, les sujets & les differentes matieres de les traiter s'épuiseront à la fin.

Il y a des Gens qui avoient crû que LE PRE'JUGE' A LA MODE, L'ENFANT PRODIGUE & L'ECOLE DES AMIS, étoient des Piéces de Théatre. Et Monsieur Riccoboni ose encore espérer que ce nouveau genre, qui ne fait que commencer, pourra être porté à sa perfection par quelque génie brillant. Mais après qu'on a démontré avec tant de force, qu'Aristote & Horace, n'aïant pas parlé de ce genre, on ne doit le regarder que comme une CHIME'RE DE THE'ATRE ; il est réellement étonnant, que Monsieur Riccoboni persiste dans une opinion si peu raisonable.

Je vais rapporter une Anecdote curieuse, qui, si je ne me trompe, donnera une nouvelle force à la Démonstration, & pourra entierement désabuser Monsieur Riccoboni. Lors de l'invention des Perruques, il y eut des Gens qui prétendirent qu'on pouvoit les regarder comme un habillement de tête. Voici comment un Critique de ce tems-là démontra qu'on étoit dans l'erreur : Tous les habillemens de tête que nous connoissons jusqu'à présent, dit-il, sont un Bonnet, un Casque, un Chapeau, un Chaperon, une Calotte, une Cornette, &c. & il fit une énumération de toutes les espéces de Coëffure, qui avoient été en usage depuis le Déluge. Or, ajoûta-t-il, une Perruque n'est ni un Casque, ni un Chapeau, ni une Cornette, &c. donc on ne doit pas la regarder comme un habillement de tête. Quelques gens entêtés réfuserent dabord de se rendre à un argument aussi convainquant. Mais la verité a enfin triomphé, & il n'y a aujourd'hui personne, qui soit assez dépourvû de bon sens, pour oser dire qu'une Perruque est un habillement de tête. Je suis persuadé que si M. Riccoboni avoit été informé de cette Anecdote, il ne se seroit pas attiré le reproche de M. L. D. qui le blâme avec raison de son entêtement.

Comme il pourroit arriver qu'on nous accuseroit d'avoir éxagéré, quand nous avons dit qu'après la révolution de dix mille Siécles, un

vaisseau

vaisseau aussi grand que la Ville de Paris, seroit encore trop petit pour contenir une Bibliothéque des Livres d'Histoires qui éxisteront alors ; nous avons crû devoir justifier, par le calcul, une proposition qui pourroit avoir un air de Paradoxe. Si quélqu'un craint de s'ennuïer à la lecture de ce détail, & qu'il aime mieux s'en rapporter à notre éxactitude & à notre bonne foi, il sera le maitre de ne pas le lire.

Le seul Mercure Historique universel, s'il est éxécuté, (& il le sera sans doute) sera alors composé de 2337600000. de volumes in-folio, que je suppose de trois pouces d'épaisseur, sur quinze de hauteur & dix de largeur ; ainsi 24. volumes, rangés suivant l'ordre ordinaire, occuperont une toise en largeur. A l'égard de la hauteur, une Tablette doit avoir au moins dix-huit pouces, y compris l'épaisseur de la planche & l'espace libre qu'il faut laisser pour donner du jeu afin de tirer commodément les Livres ; il y aura donc quatre Tablettes pour chaque toise de hauteur, ce qui revient à 96. volumes par toise quarrée. Mais supposons, pour la facilité du calcul, que chaque toise quarrée contiendra 100 volumes, on ne nous accusera pas d'être avantageux, nous perdons quatre volumes par toise ; ce qui ne laisse pas d'être considérable sur la quantité.

Une ligne droite, tirée de l'Observatoire à la Porte Saint Martin, seroit de 2000. toises. Une autre ligne droite de la Porte Saint Antoine aux Invalides, seroit pareillement de 2000. toises.

ſes. Ainſi nous pouvons regarder l'Aire de la Ville de Paris comme un quarré, dont le côté eſt de 2000 toiſes. Il eſt vrai que, à la rigueur, l'Aire de Paris eſt plus petite que le quarré que nous ſuppoſons ; mettons les eſpaces vuides pour les Fauxbourgs.

Suppoſons que ce quarré eſt diviſé en Galeries de deux toiſes de largeur, ſur dix de hauteur ; chaque Galerie aura une ſurface de 2000. toiſes de longueur, ſur dix toiſes de hauteur ; ce qui produit 20000. toiſes quarrées pour placer des Livres dans chaque Galerie. Mais comme il y aura mille Galeries, elles auront en total 20, 000, 000, de toiſes, qui multipliées par 100, (nombre des volumes qu'on peut ranger dans une toiſe quarrée,) donneront le nombre de 2, 000, 000, 000, qui eſt celui des volumes que ce vaiſſeau pourra contenir. Nous avons à placer 23, 376, 000, 000, volumes ; & par conſéquent il nous reſtera 21, 376, 000, 000 de volumes qui n'auront point de place.

On nous objectera peut-être, que notre calcul n'eſt pas exact, parce que nous ne comptons qu'un côté des Galeries, qui cependant en auront deux : voilà qui eſt bien dit ; mais ne faut-il pas éclairer les Galeries. Les Architectes diſtribueront, comme ils trouveront à propos, les appartemens de la Bibliothéque ; mais ils auront beau faire, il faudra un grand nombre de fenêtres ; il faudra eſpacer au moins, tant plein que vuide, les bâtimens & les cours de cet Edifi-

ce,

ce. Ainsi on n'a rien à nous réprocher du côté de l'éxactitude & de la bonne foi, quoique nous ne mettions en ligne de compte, pour ranger des Livres, qu'un seul côté des Galeries.

Il est donc évident qu'un vaisseau aussi grand que la ville de Paris, sera trop petit pour contenir les seuls volumes du Mercure Historique universel.

Mais que ferons-nous du Moreri; du Mercure de France, du Recüeil des Gazettes; des Journaux; des Observations sur les Ecrits des Modernes, dont on a déja commencé le dix-huitiéme volume; & de tant d'autres Ouvrages de notre tems, qui étant alors confondus avec ceux que l'Antiquité la plus reculée nous rend respectables, seront l'objet de l'admiration des Savans? N'a-t-on pas lieu de croire, qu'on sera obligé de creuser des Soûterrains pour y placer les Bibliothéques, ou qu'on prendra le parti de défendre l'impression, de peur que les Bibliothéques absorbant la surface de la Terre, il n'en reste plus pour nourrir ses habitans?

A tous ces avantages, dont nous venons de parler, ajoûtons un nouveau motif de préférence en faveur de l'Histoire, & reconnoissons qu'elle est la plus utile de toutes les Sciences.

Les Romains sont, sans contredit, le Peuple qui a joüé le plus grand rôle sur le Théatre du Monde. Bornés pendant un assez long-tems à la petite partie de l'Italie qu'ils possedoient, ils sont parvenus à l'Empire de l'Univers. Ce ne sont ni les Mathématiques, ni la Physique ni les

beaux

beaux Arts, qui ont contribué à leur grandeur; ils ne les connoissoient pas. L'Histoire étoit la seule Science qu'ils cultivoient. On entretenoit sans cesse la jeune Noblesse, des faits mémorables de leurs Aieux. On en portoit les images dans les cérémonies publiques. Ce spectacle échauffoit leur imagination; ils desiroient avec ardeur de surpasser les grandes actions de leurs Ancêtres, ou du moins de marcher sur leurs traces. Les simples Citoïens, regardant le Peuple Romain comme une seule famille, ne vouloient pas dégénérer de cette valeur qui avoit subjugué tant de Nations. Telle est la véritable source de la grandeur Romaine. Elle commença à tomber en décadance, lorsque les victoires de ce Peuple eurent introduit à Rome le luxe Asiatique, & les Arts de la Gréce. La République devenuë la victime de l'ambition d'un seul homme, vit peu à peu disparoître ses vertus; elle fut livrée aux fureurs des Tiberes & des Nerons, & d'un grand nombre de pareils monstres; jusqu'à ce qu'enfin l'Empire Romain accablé par son propre poids, devint à son tour la proïe des Nations barbares.

A quoi a servi aux Athéniens d'être le Peuple le plus poli de la Grece, & d'avoir cultivé avec tant de succès les beaux Arts & les Sciences; ils n'en ont pas moins été subjugués par les Macédoniens, & ensuite par les Romains. Les Carthaginois ont été les seuls qui ont pû balancer la puissance Romaine. Aussi ne paroît-il pas que les Sciences aïent été florissantes à Carthage; & on peut

peut conjecturer hardiment que l'Histoire est la seule qu'ils aïent cultivée. Dans quelle autre source auroient-ils puisé l'amour de la Patrie, le desir de la gloire, & les vertus Guerrieres?

C'est l'étude de l'Histoire qui fait les Grands hommes, les Guerriers intrépides, les Magistrats éclairés, les habiles Architectes. C'est elle qui a formé les Bourdaloües & les Fléchiers; les Patru & les Cochins; les Chirac & les Sylva; les Petits & les Morands.

Que les François aïent des Laboureurs, des Guerriers, & de savantes Dissertations sur les Antiquités des Gaules, & je place hardiment leurs Colonnes d'Hercule au Cap de Bonne-Espérance & au Spitzberg; dans la Californie & dans la terre d'Yeço.

Quelques esprits superficiels, mauvais appréciateurs du Vrai & du Beau, n'approuvent pas l'étude de l'Histoire; à peine veulent-ils consentir qu'on prenne une légére teinture de l'Histoire Ancienne, & qu'on s'applique à connoître, dans un plus grand détail, l'Histoire Moderne de son propre Païs & de son Siécle, qu'il seroit honteux d'ignorer.

Ils prétendent que l'étude de l'Histoire est une espéce de Voïage, & que

> **Rarement, à courir le Monde,**
> **On devient plus homme de bien.**

Que les vertus d'un Titus & d'un Trajan, ont fait moins de Prosélytes, & ont été moins utiles

les à la Postérité, que le Tableau des crimes des Caligula & des Nerons, qui ont eu un si grand nombre d'imitateurs, ne lui a été funeste; parce qu'il diminuë l'horreur du vice, devenu moins odieux & autorisé, en quelque sorte, par l'exemple. Que les éloges qu'on donne à la grandeur Romaine, toujours fondée sur l'injustice & l'oppression, ne sont propres qu'à donner une idée fausse de la véritable Gloire. Qu'il est ridicule d'admirer, comme une vertu plus qu'humaine, une manie qui rendroit aujourd'hui un Peuple l'horreur des autres Nations, & les engageroit à se liguer contre lüi pour l'écraser. Que tandis que Scipion donnoit à Carthage des preuves éclatantes de sa modération, & de son habileté dans l'Art Militaire, le Sénat se déshonoroit par une barbarie horrible, en exterminant par le fer & le feu ce Peuple infortuné, contre la foi donnée. Que si Numance, Corinthe & tant d'autres Villes détruites, prouvent la valeur des Soldats Romains, elles sont autant de monumens de l'ambition effrénée de ce Peuple furieux, qui proscrivoit, contre toute raison & toute justice, des Nations, dont tout le crime étoit de vouloir conserver leur liberté, & d'oser s'opposer à la violence des Tyrans de l'Univers. Qu'à l'égard du mépris de la mort, après que l'Orateur Prophane a celebré la constance des Brutus & des Catons, l'homme sensé n'y trouve que vanité & que misére; & que ce phantôme de Grandeur n'est qu'un défaut de courage dans l'adversité. Que le Roman de Télémaque, où le vice rendu

odieux

odieux est toujours puni ; & la vertu peinte sous des traits enchanteurs, toujours récompensée, est plus propre à former le cœur, que n'est l'Histoire, où l'on voit si souvent prospérer le crime & la vertu succomber. Qu'on devroit interdire, surtout aux grands Princes, la lecture de l'Histoire d'Aléxandre ; de peur que leur imagination étant échauffée par le merveilleux de ses Avantures, il ne prenne envie à quelqu'un d'entr'eux de renouveller les brigandages de cet insensé ; c'est ainsi qu'ils appellent les grandes actions de ce Héros, qui est en possession de faire l'admiration des Maîtres de Pension, des Régens de Collége, & même des Professeurs de Rhétorique. Mais des objections aussi frivoles, ne méritent point de réponse.

L'Histoire est donc la plus belle de toutes les Sciences ; elle est la plus utile. A quoi tient-il que le Public n'en retire aujourd'hui de plus grands avantages ? On ne peut pas se plaindre que cette Science soit entiérement négligée. On voit de tems en tems la République des Lettres s'enrichir de plusieurs découvertes utiles & importantes : On sait, à n'en pouvoir douter, si le Corps de Saint Piat est à Seclin ou à Chartres. On va incessamment accorder Tite-Live avec Denis d'Halicarnasse, touchant le pere de Tarquin le Superbe. Une rare Médaille de l'Empereur Diaduménien, sans couronne de Laurier, avec la figure du Philosophe Héraclite, frappée par les Ephésiens, a été trouvée dans des ruines près de Vieux, Ville de basse Normandie, qu'on sait, à n'en pouvoir douter, être l'ancienne Ville des Viducassiens, dont Pline & Ptolomée ont parlé; & même on n'ignore pas comment cette Médaille peut y avoir été portée. On connoit, enfin, l'Auteur des Annales de Saint Bertin. On travaille à Pesaro à une nouvelle Collection de Lampes antiques: Quelle moisson utile & abondante!

Un Savant du premier ordre, ne doit pas avoir regret aux peines que lui a coûté une découverte importante, utile, surprenante. Il a démontré, par une suite de raisonnemens capables de désarçonner le Pyrrhonien le plus déterminé, qu'un Champ où on trouve sept à huit mille Tombeaux, est un Cimetiére.

On voit paroître de tems en tems l'Histoire particuliere de quelque Province, de quelque Diocése, de quelque Ville. Mais pour procurer à notre Siécle une partie des avantages de ces tems heureux, dont nous avons parlé; lorsque l'Histoire sera enrichie des événemens de dix mille Siécles; il faut descendre dans un plus grand détail, il faut multiplier les Histoires particulieres.

L'Homme est né pour la societé. On se réünit; on se rassemble; on se promene: Quel est le sujet de la conversation, lorsqu'on n'est pas occupé de Spadille, de Sonnés, ou de Pic & Capot? La charité n'y est pas toujours ménagée; on médit; on calomnie. Mais y a-t-il quelque chose de si sacré, dont les hommes ne puissent pas faire un mauvais usage! Si le goût de l'Histoire étoit plus généralement cultivé, ce penchant

chant naturel à s'entretenir de faits, fourniroit aux hommes un amusement innocent & utile.

Le désir de leur procurer cet avantage a inspiré, à une Societé de Savans, le dessein de faire L'HISTOIRE DE LA VILLE DE PARIS, SUR UN PLAN NOUVEAU, en donnant l'Histoire de chaque Paroisse en particulier. On commencera par celle de Saint Gervais. Il est facile de comprendre combien l'éxécution de ce projet sera utile au Public. Il bannira des conversations la médisance & la calomnie. Le Peuble au lieu de passer les jours de Fête à la Guinguette, emploiera le tems qui lui restera, après l'Office-Divin, à s'entretenir de l'Histoire de ses Ancêtres. L'Histoire Universelle : celle des Païs ou des Tems éloignés, ne convient qu'à certaines personnes. Le plus grand nombre est aussi peu en état d'entendre parler de Cyrus, d'Aléxandre, de César & de Koulikan, que de l'utilité des Observations, des Eclipses, des Satellites de Jupiter. Mais, parce que la plûpart des hommes ne peuvent pas porter leur vûë au-delà de la Sphere bornée où la Fortune les a placés, faut-il negliger de travailler à leur bonheur, & de procurer à leur esprit la culture qu'il peut recevoir ? Les Politiques trouvent leur compte à la lecture de Tacite ; le Guerrier lit le Roman de Quint-Curce ; les Commentaires de César ; les Stratagêmes de Frontin : Les Grands apprennent, dans certaines Histoires, comment un Courtisan délié parvient aux premieres Dignités, dont il devoit à jamais être exclus par son peu de mérite : L'homme de qualité voit,

voit, avec complaisance, cette longue suite d'Aïeux, parmi lesquels Gui III. du nom aliéna ses Domaines pour faire le voïage d'Outremer : Eudes II. étoit Chambellan du Roi Charles V.

Le Mercier, l'Artisan verra avec plaisir que Martin III. étoit Marguillier en 1463. qu'Antoine I. débitoit de très-bons Cuirs à repasser les Rasoirs. Grandeurs, Dignités, Honneurs, Gloire, tout est relatif dans les différentes conditions de la vie. La Verdure joüit de la réputation de Grenadier intrépide, parmi ses Camarades ; son Régiment est pour lui l'Univers & le Théatre de sa gloire. Le Sieur Gerard prouve, par une suite de Contrats de Mariage & de Testamens, une filiation non interrompuë de 375. ans ; & que pendant tout ce tems, ses Ancêtres ont fait & débité, à juste prix, des Couteaux, des Cizeaux, des Rasoirs, & sur-tout des Canifs excellens, dans sa Maison sise ruë de la Coûtellerie, à l'enseigne de l'Epi de Blé, qui n'est pas sortie de sa Famille. En 1548. Javotte Gerard prit alliance avec N...... Tailleur d'Habits, Privilegié suivant la Cour ; laquelle Javotte étoit fille de George II. dont le mérite l'avoit élevé à la dignité de Bedeau de sa Paroisse, & son fils Gervais III. surnommé le Borgne, fut Juré de sa Communauté.

C'est quelque chose d'étonnant, que le nombre des Familles anciennes de Paris, qui ont été décorées des illustrations proportionnées à leur état, & dont l'ancienneté est inconnuë, tandis que, dans une Famille où l'on prouve, que pendant le centenaire complet, on a passé son tems à tuer des Liévres, à s'enivrer, & à battre des Païsans, & qu'on n'a pris d'alliance que dans des Familles qui suivoient constament le même usage, on devient une personne respectable dans l'Etat.

On trouvera dans l'Ouvrage, dont nous présentons ici le Projet au Public, une suite de Messieurs les Curés, Marguilliers, Vicaires, Souvicaires, Prédicateurs de l'Avent & du Caréme; Prétres habitués; Sacristains, Catéchistes, Clercs, & Enfans de Chœur: Des Architéctes qui ont dirigé l'Edification ou les Réparations considérables de l'Eglise: Des Peintres, Sculpteurs, Doreurs, Serruriers, Ménuisiers, & autres Artisans, qui ont travaillé aux embelissemens: Des Organistes, Bedeaux, Carilloneurs, Loüeurs de Chaises. On y verra l'explication de plusieurs Figures des Tableaux de la Nef, qui représentent, d'après le naturel, plusieurs Paroissiens; entr'autres, le fameux Tonnelier, qui a mérité, par son zéle pour la Paroisse, que les traits de son visage fussent transmis à la Postérité: L'Histoire de l'Orme de Saint Gervais, & pourquoi il entre dans les Armoiries de cette Paroisse.

On y trouvera aussi les Généalogies des Familles anciennes, tant de celles qui y subsistent encore, ou qui ont été transplantées dans d'autres Paroisses, que de celles qui sont éteintes; avec leurs illustrations, telles que la Dignité de Marguillier, de Juré & Syndic des Communautés: Les Commissions pour faire des Descentes

&

& Rapports des Contraventions aux Statuts, &c.
Il n'est pas nécessaire d'avertir que les Familles qui peuvent avoir place dans le Nobiliare, ou dans le Moreri, ne sont pas du ressort de cet Ouvrage ; il est uniquement destiné aux Bourgeois, Marchands & Artisans.

On devinera aisément combien l'éxécution de cette entreprise doit coûter de soins & de peines. Pour s'en acquitter avec éxactitude, il faut éxaminer les Regîtres de la Paroisse, ceux des Notaires ; un grand nombre d'Epitaphes, d'Inscriptions & d'Actes des Fondations, & plusieurs Mémoires que différens Particuliers se sont fait un plaisir de nous fournir. Nous prions instamment les Personnes qui ont en leur pouvoir des Piéces curieuses, & qui peuvent donner quelque lumiére sur la matiére que nous traitons, de vouloir bien nous les communiquer par la voie du Libraire ; nous nous ferons un plaisir de témoigner nôtre reconnoissance aux Personnes qui souhaiteront d'être nommées.

Il y a dans cette Paroisse un Usage, dont il nous a été impossible de découvrir l'origine, quelque soin que nous nous soïons donnés pour y parvenir. Le Carillonneur de Saint Gervais, qui est un homme dont l'éxactitude mérite des éloges, sonne la premiere Messe à cinq heures du matin par cinquante coups de Cloche, ni plus, ni moins ; à cinq heures & demie il sonne la seconde Messe par quarante coups, & à six heures la troisiéme par trente.

Cet Usage est-il autorisé par quelque Concession

ceſſion des Papes ou des Rois ? A-t-il été établi par quelque Délibération des Marguilliers ou des Paroiſſiens ? Eſt-ce la Fondation de quelque Ame pieuſe ? Ne doit-on l'attribuer qu'à l'eſprit d'ordre du Carillonneur ? Pourquoi ces trois nombres 50, 40, 30, ils ſont en proportion Arithmétique ? N'y auroit-il pas là quelque myſtére ? Les nombres 5 heures, 5 heures & demie, & 6 heures, ſont auſſi en proportion Arithmétique ; mais dans un ſens différent ; l'une eſt en augmentant, l'autre en diminuant. On comprend facilement le rapport de 5 heures à 50 coups de Cloche, c'eſt dix coups pour chaque heure qui s'eſt écoulée depuis minuit. Mais, ſuivant la même proportion, il faudroit 55 coups à 5 heures & demi, & 60 à ſix heures. Si à 5 heures & demi il ſonnoit 45 coups & à 6. heures 40, ce ſeroit la même proportion renverſée : mais encore un coup, pourquoi ces nombres 50, 40, 30 ?

Seroit-ce parce que comme à 5 heures du matin on eſt encore enſeveli dans un profond ſommeil, il ne faut pas moins de 50 coups pour réveiller les Dormeurs, qu'à 5 heures & demi 40 coups, & à 6 heures 30 ſuffiſent ? Mais d'où vient qu'après ſix heures, il n'y a plus rien de déterminé dans le nombre, pour les autres Meſſes ? Eſt-ce parce que tout étant en mouvement dans les ruës de Paris, il ſeroit impoſſible ou inutile de les compter ? Peut-être qu'on a eu en vûë la commodité des Pauvres, qui n'aïant ni Montre, ni Pendule, peuvent ſavoir l'heure qu'il eſt, lorſque

lorſque le ſommeil ou quelque diſtraction les a empêchés d'entendre l'Horloge.

Les Savans, qui voudront bien nous donner quelque éclairciſſement ſur l'origine & les motifs d'un uſage ſi intéreſſant, nous rendront un ſervice conſidérable. Nous ne doutons pas qu'un Mémoire bien fait, ſur ce ſujet, ne fût un morceau excellent; il ſerviroit de pendant à la découverte du Cimetiére de Civaux.

Au reſte, nous eſpérons que l'utilité de notre Projet ne ſera pas bornée aux avantages qui réſulteront de l'Hiſtoire des Paroiſſes de Paris. Nous nous flattons que les Savans, encouragés par notre éxemple, donneront inceſſamment au Public l'Hiſtoire particuliére de toutes les Paroiſſes de la France, & même des Paroiſſes de l'Europe.

Si le ſuccès de cet Ouvrage répond à nos eſpérances, nous en entreprendrons un autre, qui ſera le MERCURE BOURGEOIS. Nous ne doutons pas que le Journal des Naiſſances, Morts & Mariages des Bourgeois & Artiſans; LE RECUEIL DES PIECES FUGITIVES, dans le goût DES ECOSSEUSES & DES ETRENNES DE LA SAINT JEAN, qui ont ſi bien réuſſi, même auprés des perſonnes d'un rang ſupérieur; & LA DESCRIPTION DES FESTES DE LA RAPÉE, DE LA COURTILLE, & DES PORCHERONS, ne ſoit agréable & utile à cette eſpéce de Public, que nous avons principalement en vûë.

* *Ii operosé nihil agunt, qui in Litterarum*

terarum inutilium studiis detinentur; Ecce iterum Romanos invasit studium supervacanea discendi. Cujus errores ista minuent? Cujus cupiditates prement? Quem fortiorem, quem justiorem, quem liberaliorem facient?

*** Sicut qui plurima comedunt, non melius valent quàm qui sumunt necessaria: sic eruditi habendi sunt, non qui plurima legerunt & didicerunt, sed qui utilia.*

* Senec.

** Diog. Laert. in Aristipp.

OBSERVATIONS
SUR
LES ECRITS MODERNES.

UNE petite Brochure satirique, qui paroît depuis peu sous le titre de *Projet de l'Histoire de la Ville de Paris sur un Plan nouveau*, est une ingénieuse ironie, dont le but est de ridiculiser la science des faits & le goût outré de l'érudition. Quoique les plaisanteries de l'Auteur se répandent sur tout le genre historique en général, il est à croire qu'il ne s'est proposé que de railler ceux qui portent trop loin la curiosité par rapport aux faits, & ces laborieux Compilateurs qui s'abandonnent passionnement à une *profusion érudite*. L'Auteur fait donc semblant de rabaisser toutes les autres Sciences, & de ne faire cas que de l'Histoire, dont le goût, dit-il, est naturel à l'homme, au lieu que peu de personnes aiment les lignes, les angles, les puissances, les extractions de racines, les plantes rangées par classes, l'énumeration des insectes, &c.

Toutes les Sciences s'épuisent, selon lui, & on y fait chaque jour de si grands progrés, que bientôt

tôt il n'y aura plus de découvertes à faire. Au contraire, les trésors de l'Histoire s'accumulent tous les jours par le laps de tems. De là il conclut que dans un certain nombre de siécles, les Sçavans se verront *noyez dans une mer de volumes*, dont le plus intrepide Bibliographe ne pourra espérer de lire une fois le titre dans le cours d'une vie longue & laborieuse. Quel espace immense occuperont alors les Bibliothéques ! “ Un „ édifice aussi grand que toute la Ville de Paris, „ sera un Vaisseau trop petit.

Enfin tous les genres de Belles-Lettres, & surtout le Théatre, tarissent tous les jours. Rien de nouveau sur la scene ; on n'y voit que des emprunts colorez. S'il s'éleve un genre nouveau dans le *Comique attendrissant*, M. Riccoboni a beau le faire valoir : l'Auteur des *Observations sur les Ecrits Modernes* le traite de *Monstre dramatique* & de *Chimere de Théatre*. Il a grand tort assurément. L'Auteur oppose à tous ces genres stériles le champ historique, qui est toujours fécond & vaste, & où jusqu'à la fin du monde les Sçavans pourront courir à leur aise, sans craindre que la terre leur manque.

Il rapporte ensuite une objection, fondée sur le peu de fruit qu'on retire de l'étude de l'Histoire, & après l'avoir fort bien exposée, il prend habilement le parti de n'y point répondre, en la traitant ironiquement de frivole. Le tableau des vertus d'un Titus & d'un Trajan, dit-on, a produit moins d'imitateurs, que celui des vices d'un grand nombre de méchans Princes. “ Les élo-

„ ges

„ ges qu'on donne à la grandeur Romaine, tou„ jours fondée sur l'injustice & l'oppression, ne „ sont propres qu'à donner une idée fausse de la „ véritable Gloire. Il est ridicule d'admirer une „ manie, qui rendroit aujourd'hui un Peuple „ l'horreur des autres Nations, & les engageroit „ à se liguer contre elle pour l'écraser. Tandis „ que Scipion donnoit à Carthage des preuves „ de sa modération, le Sénat se déshonoroit par „ une barbarie horrible, en exterminant par le „ fer & par le feu ce Peuple infortuné, contre la „ foi donnée. Si Numance, Corinthe & tant „ d'autres Villes détruites, prouvent la valeur „ des Soldats Romains, elles sont autant de mo„ numens de l'ambition effrénée de ce Peuple „ furieux, qui proscrivoit, contre toute raison „ & toute justice les Nations, dont tout le crime „ étoit de vouloir conserver leur liberté, & d'o„ ser s'opposer à la violence des Tyrans de l'Uni„ vers. A l'égard du mépris de la mort, après „ que l'Orateur Profane a celebré la constance „ des Brutus & des Catons, l'homme sensé n'y „ trouve que vanité & que misére; & ce fantô„ me de grandeur n'est qu'un défaut de courage „ dans l'adversité. „ Enfin, dit-on, un Roman où la vertu peinte sous d'aimables couleurs est toujours récompensée, & le vice toujours puni, est plus instructifs & plus salutaires que toutes les Histoires, où l'on voit si souvent prospérer le crime & la vertu succomber. Il faudroit, ajoûte-t'on, interdire aux grands Princes la lecture de l'Histoire d'Aléxandre, de peur de lui faire naître l'envie de renouveller ses brigandages.

Notre Auteur se réjoüit ensuite des découvertes récentes qui ont enrichi le genre historique. " On sait, dit-il, à n'en point douter, si „ le Corps de Saint Piat est à Seclin ou à Chartres. On va incessamment accorder Tite-Live „ avec Denis d'Halicarnasse, touchant le Pere „ de Tarquin le Superbe. „ On sçait à présent que le Bourg de Vieux-Ville de basse Normandie, est l'ancienne Ville des Viducassiens, dont Pline & Ptolomée ont parlé. On travaille à Pesaro à une nouvelle Collection de Lampes antiques. Quelle moisson utile ! " Un Savant du premier „ ordre, ajoute-t'il, a démontré, par une suite „ de raisonnemens capables de désarçonner le „ Pyrrhonien le plus déterminé, qu'un Champ „ où on trouve sept à huit mille Tombeaux, est „ un Cimetiére.

Après cet éloge de l'Histoire en géneral, il propose un dessein par rapport à l'Histoire de la Ville de Paris sur un Plan nouveau, en donnant l'Histoire de chaque Paroisse en particulier. " Le „ Mercier, l'Artisan verra avec plaisir que Martin III. étoit Marguillier en 1463. qu'Antoine „ I. débitoit de très-bons Cuirs à repasser les „ Rasoirs. Grandeurs, Dignités, tout est relatif dans les différentes conditions de la vie. La „ Verdure joüit de la réputation de Grenadier „ intrépide, parmi ses Camarades; son Régiment est pour lui l'Univers..... On trouvera „ dans l'Ouvrage, dont nous présentons ici le „ projet, une suite de MM. les Curés, Mar-

„ guilliers,

„ guilliers, Vicaires, Soûvicaires, Prédicateurs
„ de l'Avent & du Carême; Prêtres habitués,
„ Sacristains, Clercs, Enfans de Chœur, &c. „
En général, cette ironie seroit plus plaisante, si elle étoit originale. Mais les *Commentaires de Mathanasius*, & les *Antiquités de Chaillot*, font que cette espéce de sel est aujourd'hui un peu dans le genre du *Sel Fatuum*.

Je suis, &c.

Ce 5 Septembre 1739.

Dans la Lettre 263. p. 189. l. 13. il s'est glissé une faute considérable, qui défigure la Piéce de M. *le Franc*: c'est *regards funebres*, pour *clameurs funebres*.

Errata de la feuille suivante du 12. Septembre 1739. pag. 24. derniere ligne *Sel*, lisés *Sal*.

LETTRE

De l'Auteur du Projet de l'Histoire de la ville de Paris, sur un Plan nouveau, à l'Auteur des Observations sur les Ecrits des Modernes.

J'AI été très-surpris, MONSIEUR, que vous aïez fait mention de ma petite Brochure dans une de vos Feuilles. Je m'étois attendu que vous la laisseriez mourir de sa belle mort. Aurois-je pû penser que vous l'honoreriez d'un Extrait? Mais vous avez voulu lui faire part de l'immortalité qui est assurée à vos Observations. On les lira sans doute dans mille ans; & on saura qu'en l'année 1739. il a paru une petite Brochure, dont le but est de ridiculiser la Science des minuties Historiques, & l'Erudition qui a pour objet des faits frivoles & peu interessans; Voilà une destinée bien flatteuse pour un badinage, qui ne devoit pas jouir d'une vie plus longue que celle des Papillons & des Fleurs! Vous avez ajoûté une Réfléxion que je me hâte d'adopter. Si je l'avois cru nécessaire, je n'aurois pas manqué de faire mes protestations; mais il ne m'est pas venu dans l'esprit, qu'un Lecteur judicieux pût me croire assez insensé pour condamner le genre Historique en

 général

général. Quand même j'aurois eu une opinion aussi extravagante, la seule lecture de l'Histoire de Charles XII. m'auroit guéri de ma folie, & m'auroit reconcilié avec le genre Historique.

Mais je vous avoüe, Monsieur, que je ne saurois comprendre quel est le motif qui vous a engagé à me faire un si grand honneur. Si les Feuilles Périodiques ont quelqu'utilité, ce ne peut être que pour les Provinces & les Païs Etrangers, où quelquefois des Personnes qui n'auroient jamais entendu parler d'un Livre, le connoissent par l'Extrait de l'Observateur; mais à l'égard de Paris, elles sont d'une inutilité parfaite, si ce n'est peut-être quand elles célébrent la gloire du Sieur A...... & les effets merveilleux du Sachet ANTI-APPOPLECTIQUE. Lorsqu'il paroit un Ouvrage nouveau, sur-tout dans le genre Amusant, les Gens d'esprit, avides de nouveautés, n'attendent pas l'attache de l'Auteur des Feuilles, pour le lire & pour en porter leur jugement: ainsi on peut dire que sa destinée est fixée en bien ou en mal, avant que l'Observateur ait pû donner son Extrait, qui même n'est pas toujours lû. Mon petit Ouvrage n'est pas vraisemblablement destiné à percer jusques dans les Provinces, ou dans les Païs Etrangers: ainsi plus j'y pense, & moins je puis deviner ce qui vous a déterminé à en parler.

J'aurois pû croire qu'aïant été agréablement amusé par un Ecrit, que vous avez décoré du titre d'Ironie Ingenieuse, vous vous étiez crû obligé,

obligé, par réconnoissance, de l'annoncer au Public. Mais comment concilier cette qualification obligeante, avec celle d'Ecrit Satyrique que vous lui attribuez en même-tems ; & avec le Sel FATUUM que vous y avez si finement remarqué ?

Quelques Personnes sensées ont prétendu, que j'étois en droit d'être blessé de ces deux traits malins ; & que je devois vous en témoigner ma sensibilité. J'ai été presque tenté de déferer à leur sentiment ; mais le penchant naturel l'a emporté : j'aime la Paix : je trouve qu'il est pénible d'être fâché : j'ai pris le parti de rire d'un jugement burlesque, qui décide que j'ai assaisonné mon Ouvrage d'un Sel FATUUM, parce que je n'ai pas eu l'esprit d'inventer une figure de Rhétorique, dont le premier exemple est aussi ancien que le Monde. Le respect que j'ai pour les Livres Saints, m'empéche de le rapporter, je me contente de l'indiquer *.

Cependant je ne vous dissimulerai pas, Monsieur, que vous m'avez désobligé, en donnant à mon petit Ecrit un titre offençant qui ne lui convient pas. Autrefois il a été permis d'écrire.

> J'appelle un Chat, un Chat, & Rollet un Fripon.

Mais la politesse de notre Siécle a attaché quelque chose d'odieux à tout ce qui porte le nom de Satyre. Aussi a-t'on trouvé plus de malignité que de justesse dans l'affectation que vous avez euë de donner cette idée de ma Brochure ;

* Gen. Chap. III. v. 22.

chure ; & Perſonne n'a pû ſe perſuader qu'un ſimple badinage, qui n'attaque ni les mœurs, ni des défauts perſonnels, ni aucun Ouvrage en particulier, puiſſe être regardé comme un Ecrit Satyrique. Ce ſont ces Libelles ſcandaleux, remplis de calomnies infâmes, dont les Magiſtrats éxigent un deſaveu ſolemnel, qui méritent à juſte titre le nom de Satyre. Mais on ne l'a jamais donné au Mathanaſius, ni aux Antiquités de Chaillot, que vous prétendez m'avoir ſervi de modéle. Vous ſeriez ſans doute fâché qu'on fit paſſer vos Obſervations pour un Ouvrage Satyrique; cependant ſi vous voulez vous juger vous même avec déſintéreſſement, vous conviendrez qu'elles le mériteroient ſouvent mieux que les railleries de ma Brochure, dont Perſonne n'a été bleſſé, & qui ne m'ont fait aucun ennemi.

Je reviens, Monſieur, au motif qui m'a procuré l'honneur d'un Extrait dont je me reconnoiſſois très-indigne. Auriez-vous par haſard penſé, que le Public eſt aveugle, lorſqu'il n'eſt pas guidé par vos lumiéres ; & que ſéduit par les agrémens d'une Ironie ingénieuſe, il riſquoit de ſe tromper, ſi vous ne l'aviez averti que cet Ecrit eſt un Ouvrage Satyrique, aſſaiſonné d'un Sel FATUUM? Mais l'expérience devroit avoir diſſipé vos craintes, & vous avoir déſabuſé de l'erreur pitoïable de quelques Provinciaux, qui s'imaginent que vos déciſions donnent le ton aux gens d'eſprit & de goût à Paris. Après avoir comblé d'Eloges un de nos plus brillans Génies, vous avez changé de conduite : vous n'avez ceſſé de de le harceler par des criailleries continuelles : en est-il moins regardé dans toute l'Europe, comme un ornement de notre Siécle ? Vous avez entassé les Epithétes de BAROQUE, BIZARRE, HETEROCLITE, EXTRAVAGANTE, pour tâcher de décrier la Musique de Monsieur Rameau ; mais le succès de l'Opéra des Indes Galantes, qui après plus de soixante Représentations, n'a pas encore rassasié le Public ; celui des Talens Lyriques, qui a pris congé des Spectateurs, sans en être abandonné, après plus de quarante ; celui que j'ose prédire à l'Opera de Dardanus, qui réunira les graces de la Poësie & les beautés de la Musique, assure à Monsieur Rameau la gloire d'être le plus grand Musicien qui ait paru jusqu'à present ; pourvû qu'on sache entendre, par un grand Musicien, celui qui réunit une profonde connoissance de la Théorie de la Musique, avec un génie véritablement inventif : talens qui jusqu'à present ont été toujours séparés. Vous avez appellé, par dérision, le nouveau genre de Piéces de Théatre, le COMIQUE ATTENDRISSANT, le COMIQUE LARMOYANT, le TRAGIQUE BOURGEOIS : cependant vos Critiques, quoique peut-être fondées [quelques fois] à certains égards, n'ont pas empêché le succès du Préjugé à la Mode, de l'Enfant Prodigue & de l'Ecole des Amis. Ainsi, Monsieur, vous pouvez, en toute sûreté, cultiver ou laisser dormir vos talens ; le Public ira toujours le même train. Il accordera aux Auteurs qui travaillent pour lui procurer quelque plaisir, l'indulgence que le grand Corneille lui a deman-

dée

dée pour lui-même ; & quand des beautés solides racheteront des défauts légers, il recevra favorablement les Ouvrages ; & permettra aux Critiques d'exercer, sans conséquence, l'emploi le plus facile & le moins honorable de la République des Lettres.

Cependant, Monsieur, il faut avoüer que vous avez un talent bien singulier dans ce genre ! Vous marchez dans des routes si obliques ; vous emploïez des tours si captieux ; vous vous servez d'expressions si équivoques ; vous tombez dans des contradictions si fréquentes ; vous faites des raisonnemens si entortillés, qu'il est souvent difficile de deviner ce que vous pensez : En supposant même que vous aïez un sentiment déterminé ; car c'est un fait très-problématique. Ce n'étoit pas là le stile des Gallois, des Bayle, des Basnages, des Beauval & des le Clerc.

Voilà précisement le cas d'incertitude où je me trouve par rapport à ma petite Brochure. Vous avez dit que c'est une Ironie Ingénieuse, mais pleine d'un Sel FATUUM : on a trouvé là une contradiction, il est vrai qu'elles vous sont familieres. Vous m'avez sauvé le travers d'avoir voulu ridiculiser le genre Historique en général ; mais vous avez donné à mon Ouvrage le caractére odieux d'Ecrit satyrique. Le seul parti que j'ai à prendre, est de voir votre Extrait sans aigreur & sans reconnoissance.

On est exposé à la même incertitude dans la suite de votre Extrait. Vous avez écrit en caractére italique : « LES SAVANS NOYEZ DANS UNE

» MER

„ MER DE VOLUMES : „ Est-ce approbation ? Est-ce critique ? J'ai recüeilli les voix. Les uns ont dit que vous aviez voulu marquer, que vous approuviez cette expression ; d'autres ont prétendu que le caractére italique insinuoit une accusation tacite de NE'OLOGISME ou d'affectation puérile. Je ne sai pas comment vos chers Provinciaux en jugeront : pour moi j'ai entendu dire si souvent que le Public étoit INONDE' de Feuilles Périodiques, où l'on trouvoit des Extraits mal faits ; des passages tronqués ; des décisions de mauvais goût, &c. que j'ai crû pouvoir dire LES SAVANS NOYE'S DANS UNE MER DE VOLUMES.

Il y a des gens qui prétendent que vous ne donnez des Eloges, que pour acquerir le droit de lancer les traits les plus piquants, sans être accusé de malignité. Peut être que convaincu que votre approbation est d'une grande autorité & d'un grand poids dans le monde, vous craignez que si elle n'étoit pas temperée par des traits mordans, qui mettent un frein à l'orgüeil des Auteurs, ils seroient en danger d'être enïvrés de vos loüanges : mais cette précaution étoit peu necessaire pour moi. Pouviez-vous ignorer que je n'ai pas mandié votre suffrage ? Quelqu'un même a porté trop loin mon indifférence pour votre jugement. On a prétendu que l'Anecdote des Perruques est une preuve que j'ai redouté vos Eloges, encore plus que votre Satyre : Ce sentiment est trop méprisant pour vous, j'aurois tort de l'adopter.

L'Anecdote

L'Anecdote des Perruques me rappelle une circonstance qui mérite de nous arrêter un moment : Vous m'avez Parodié, Monsieur. Après avoir dit : „ S'il s'éleve un genre nouveau dans „ le COMIQUE ATTENDRISSANT, Monsieur Riccoboni a beau le faire valoir, l'Auteur des „ Observations sur les Ecrits des Modernes, le „ traite de Monstre Dramatique, & de Chimére de Théatre ; „ vous vous écriez : „ Il a „ grand tort assurément. „ Savez-vous, Monsieur, que vous dites plus vrai que vous ne pensez, & que votre prétenduë Ironie n'en a qu'un faux ton. L'Ironie est une maniere fine de faire sentir vivement une vérité : mais il faut que la proposition contraire à ce qu'on feint de dire sérieusement, soit d'une évidence qui frappe dans le premier instant : vous n'en êtez pas encore là, Monsieur : votre COMIQUE ATTENDRISSANT n'a pas assez fait fortune, pour que vous puissiez espérer de vous tirer d'affaires par une exclamation, soi disant, Ironique. Croïez-vous que l'association bizarre de deux termes, qui ne sont pas faits pour aller ensemble, relevée par l'affectation maligne d'un caractére italique, soit une Critique bien ingénieuse ? LE COMIQUE ATTENDRISSANT ; le COMIQUE LARMOYANT ; le TRAGIQUE BOURGEOIS : tout trivial & insipide, qui ne tiendra jamais lieu de raisons. Vous avez grand tort, dites-vous ; sans doute, Monsieur, & très-grand tort. Vous vous plaignez que les nouveautés sont rares sur nos Théatres ; vous avez donc tort de proscrire un nouveau genre qui peut nous en procurer; Fuïez, Monsieur, les Piéces qui vous ennuient; mais pourquoi priver le Public du plaisir de les voir sans vous? Il s'élevera toujours contre les Tyrans qui voudront le soumettre à une autorité usurpée. Il est plus sage de se conformer à son goût, quand il s'obstine à admirer, que de faire de vains efforts pour le ramener à un autre sentiment par des clameurs inutilement réitérées; & il y a beaucoup plus de bon sens à chercher dans un Ouvrage ce qu'il a de beautés, qu'à se tourmenter pour y découvrir des défauts. Ne seroit-il pas plus raisonnable de se cacher à soi-même, s'il étoit possible, ce qui peut diminuer notre plaisir? Je sai que le préjugé, la cabale, & des circonstances singulieres, peuvent pendant quelque tems faire prendre le change à un certain Public; mais toutes les fois qu'un Ouvrage se soutient, malgré l'aboïement des Critiques, on peut assurer hardiment, qu'il a assez de beautés réelles pour racheter les défauts Critiques. C'est manquer de respect pour le Public, que de lui imputer un défaut de discernement pour connoître ce qui doit lui faire plaisir; & de prétendre que sans le secours des Censeurs de profession, qui voudroient lui faire adopter leurs propres sentimens, il seroit dans un danger continuel de prendre du Clinquant pour de l'Or.

Mais dirés-vous, Monsieur, le terme de Comédie a une signification propre & déterminée, qu'il n'est pas permis de changer, & qui ne convient point au nouveau genre. Eh bien, Monsieur, satisfaites-vous! inventez un nouveau nom, vous ne serez pas accusé de NÉOLOGISME. Le grand Corneille a donné le nom de Comédie Héroïque à sa Pulchérie, à D. Sanche d'Arragon & à Bérénice. Plusieurs Piéces ont porté le nom singulier de Tragi-Comédie. Faut-il donc faire tant de fracas sur une pure question de nom? Il est certain qu'il y a un genre moïen entre la Tragédie & cette espéce de Comédie qui fait rire aux éclats: genre qui n'est ni un Monstre, ni une Chimére, mais qui existe réellement, dont les éxemples ont très-bien réussi: genre auquel le sérieux du Misantrope, du Glorieux, & de plusieurs autres Comédies de ce genre, qui ne font rire que l'esprit, nous a préparés; & qui n'a d'autre défaut que de ne vous avoir pas l'obligation d'un nom plus convenable que ceux que vous lui avez donnez.

Doutez-vous, Monsieur, qu'il ne fût à souhaiter que la prédiction de Monsieur Riccoboni s'accomplit au plûtôt? La Tragédie, pour me servir des termes de l'Art, purge les passions: l'Ambition, la Colére, la Haine, &c. par la terreur & la pitié. La Comédie, par la peinture du ridicule, nous porte à l'éviter. Le genre moïen emploïera le patétique, l'ATTENDRISSANT pour corriger les vices qui peuvent être placés entre les défauts risibles & les passions Tragiques. Le travers d'un mari qui n'ose aimer sa femme en public, & qui par ce préjugé lui préfére un objet indigne de sa tendresse, est peu susceptible

susceptible de ces traits qui excitent des éclats de rire : Est-il moins utile d'emploïer le Théatre à le rendre odieux, que de faire rire le Public par la peinture des fatuités d'un Marquis ou d'un Petit-Maitre ; de la sottise d'un Trissotin ; de la bêtise d'un Pourceaugnac ou d'un Monsieur Jourdain. Trouverez-vous un pere ou un mari qui ne souhaitât que sa fille ou sa femme fût vivement frappée des traits qui forment le caractére de l'aimable, de la vertueuse Constance ? Le caractére d'Euphémon pere : celui d'Euphémon fils, que l'infortune ramene à la vertu : celui de la tendre & vertueuse Lyse, vous semblent-ils indignes de paroître sur la Scene, parce qu'ils ne sont pas échafaudés sur le cothurne Tragique ? Pourquoi ne voulez-vous pas que la peinture de la vertu, introduite sur le Théatre par le Comique ATTENDRISSANT, puisse la rendre aimable ; de même que le portrait du ridicule le rend méprisable dans la Comédie ordinaire ? Je parle des vertus civiles, des vertus Bourgeoises, si vous voulez. On a dit que le grand Corneille a peint les hommes tels qu'ils devroient être. On s'accoutume à regarder les Héros de Théatre comme des figures gigantesques, qu'on ne voit que dans un lointain ; & les vertus héroïques, comme des vertus imaginaires, ausquelles il n'est pas permis d'aspirer. Qu'on se hâte donc de nous présenter le Tableau des vertus d'usage qui seront à notre portée, sans craindre les frivoles Censeurs du Comique ATTENDRISSANT. Ce genre n'est pas aussi inconnu sur

le

le Théatre Comique, qu'ils voudroient nous le faire croire : il y a dans Térence & dans Moliére des situations intéressantes, & des discours pathétiques, qui peuvent s'y rapporter.

Vous comprenez bien, Monsieur, que quand une Ironie est étaïée par d'aussi bonnes raisons que celles que je viens de vous donner, elle ne manque pas de produire son effet : il n'en est pas de même lorsqu'elle n'a d'ironique que le ton.

Si je ne vous ai pas paru zélé partisan de la Critique, & si vous trouvez que je défére trop au goût du Public, vous ne m'accuserez pas du moins d'être déterminé par des vûës intéressées. Je ne suis pas engagé à le défendre par des applaudissemens que j'en aïe reçûs ; & ma Brochure ne doit pas me faire regarder comme un Ecrivain, non pas même comme un homme d'esprit, qui ait lieu de redouter la Satyre. Si jamais j'avois la démangeaison d'aspirer à ce titre, ce ne seroit pas à la faveur d'un Ouvrage aussi peu considérable, que j'irois me nicher dans le rang des Auteurs. Tout ce que je crois pouvoir prétendre, est le droit de donner un simple suffrage, encore n'en fais-je pas trop de cas ; & je suis toujours prêt à le soumettre au sentiment des autres ; ainsi, Monsieur, vous n'aurez pas de peine à vous persuader que je n'ai d'autre guide que l'amour du Vrai. Quoiqu'ennemi déclaré de la mauvaise Critique, je crois que la bonne, si elle étoit accompagnée de la politesse & des égards convenables, pourroit être utile. Mais qu'elles qualités, quels talens ne faudroit-il pas avoir ? Lumiéres

res supérieures ; goût sûr & universel ; caractére impartial ; probité unanimement reconnuë, & à l'épreuve de tout motif personnel ; confiance du Public justement méritée & incontestablement acquise : Où trouverons-nous ce Phœnix ? Je suis bien éloigné de penser qu'un homme qui avec de l'esprit, de la facilité à écrire, & avec le talent de lancer des traits piquans, s'érige de sa propre autorité en Aristarque universel, soit un Critique respectable: Je ne suis pas même la duppe du débit de ses Ouvrages. Il y a de très-honnêtes gens qui ne se font pas un scrupule de rire des traits malins & Satyriques dont ils seroient très-fachés d'être complices : on s'amuse bien quelque fois à voir un Roquet hargneux mordre des Dogues qui méprisent ses attaques. Les esprits supérieurs évitent de se livrer à des discussions ennuïeuses, qu'on voit ordinairement dégénérer en des querelles personnelles : on aime mieux laisser aller le cours de la Satyre, que de relever les bévûës d'un nouvel Erostrate.

Permettez-moi, Monsieur, de vous rapporter, à ce propos, une réponse ingénieuse, qui peut-être n'est pas venüe jusqu'à vous. Une personne, plus estimable encore par son esprit, qu'elle n'est respectable par son nom & par les dignités dont elle est revétuë, reprochoit le caractére dont je viens de parler à un de vos confréres les Critiques : Pourquoi, lui disoit-elle, ne ménagez-vous pas les Auteurs ? Pourquoi vous faire un si grand nombre d'ennemis ? Il faut que je vive, dit notre Critique. Je n'en vois pas la nécessité.

ſité, lui répondit-on. Je ſerai bien ſurpris, Monſieur, ſi vous trouvez là du Sel FATUUM. S'il vous prenoit envie de faire un Extrait de ma Lettre, je vous prie, au moins, de ne pas oublier ce trait; il mérite qu'on en conſerve le ſouvenir pendant tout le tems qu'on parlera de vos Obſervations.

Je reviens à l'Extrait de ma Brochure: j'y remarquerai deux mépriſes, que je ne veux pas appeller des infidélités. Vous me faites dire que « Toutes les Sciences s'épuiſent; & qu'on y fait „ chaque jour de ſi grands progrès, que bien„ tôt il n'y aura plus de découvertes à faire. „

Je ſais, Monſieur, que l'Aſtronomie, la Chymie, la Botanique, la Géographie, l'Anatomie; en un mot toutes les Sciences qui ſont fondées ſur des Obſervations & des expériences, marchent à pas lents; les progrès n'en ſont pas rapides, ils ſont ſûrs. J'ai dit, il eſt vrai, qu'elles s'épuiſeroient à la fin; mais je n'ai pas ménagé le tems: j'ai dix mille Siécles devant moi. Vous ſentez bien, Monſieur, que dans un Ouvrage purement Ironique, je dois avoir l'attention d'empêcher qu'on n'abuſe de mes expreſſions, & qu'on ne tente d'en détourner le ſens contre des Compagnies illuſtres, pour qui j'ai le reſpect le plus profond; reſpect qui peut être égalé, mais qui ne ſauroit être ſurpaſſé.

Vous dites ailleurs « Qu'il ne paroît rien de „ nouveau ſur la Scéne; qu'on n'y voit que des „ emprunts colorés. Il paroît que c'eſt un diſcours que vous m'attribuez, non pas que vous

l'aïez

l'aïez marqué par des Guillemets ; car suivant votre usage favori, vous aimez à laisser toujours quelque incertitude ; mais on le devine par le sens. Je me crois obligé de declarer ici que cette décision vient de votre propre fonds ; l'honneur vous en appartient en entier. Vous avez de la gloire à revendre ; mais il ne me convient pas de me parer de votre superflu. Je n'ai jamais dit, qu'on ne voit sur la Scéne que des emprunts colorez, je ne l'ai jamais pensé, & si je l'avois pensé, j'aurois eu la discretion de le taire. Le stile Déclamateur & Satyrique n'est pas mon stile. J'ai dit que les sujets des piéces de Théatre, & les différentes manieres de les traiter s'épuiseroient à la fin ; avant dix mille Siécles ; surtout si on proscrivoit les genres nouveaux. Mais j'ai présenté cette conséquence de vos principes, comme un inconvénient de votre systême des Monstres Dramatiques ; pour le combattre & pour en faire sentir le peu de justesse. On ne peut pas nier que les nouveautés ne deviennent plus rares sur le Théatre ; mais je n'avoüerai pas que la source en soit tarie. Peut-être que nous devons cette disette à la prudence des bons Auteurs, qui trouvent désagréable d'être exposé à la dent envenimée des Critiques, lors même qu'on les méprise.

Ma Lettre doit sans doute vous paroître un peu longue, Monsieur. Je ne sai pas quelle impression elle aura fait sur vous. Je me flatte que vous y aurez trouvé le caractére d'un Homme vrai, qui a beaucoup de candeur &

& de simplicité ; qui n'auroit eu ni bec, ni ongles pour se défendre, si vous l'aviez attaqué plus vivement ; & qui vous doit être obligé des ménagemens que vous avez eus pour lui. Si j'ai sû exprimer mes sentimens, j'aurai réussi à vous donner des preuves de l'estime & de la considération que j'ai pour vous. Si je n'ai pas été assez habille pour vous en convaincre ; si vous êtes choqué de ce que je n'ai pas souscrit aveuglément à vos décisions ; & si vous trouvez à propos de me donner des marques de votre ressentiment, vous pouvez être assuré que vos Satyres, dûssent-elles aller jusqu'aux injures, n'auront point de réponse.

Je finirai par une Réfléxion sur le Sel FATUUM. Avouez, Monsieur, que vous avez été bien content de terminer votre Extrait par une équivoque ? Si j'avois été satisfait du bien que vous avez dit de ma Brochure, vous auriez ri de grand cœur de mon imbécilité. D'un autre côté, si j'avois pris le parti d'être fâché de votre expression, vous m'auriez reproché que je n'entens pas le Latin ; vous auriez prétendu que SAL FATUUM ne présente d'autre idée que celle d'un Sel insipide, un peu émoussé par le droit d'aînesse du Mathanasius & des Antiquités de Chaillot. N'est-il pas vrai que mon embarras vous a bien réjoui ? Mais que vous avez été agréablement amusé lorsque vous avez prévû que les Lecteurs ne manqueroient pas d'étendre la signification de ce terme ? Je ne sai lequel des deux vous auroit plû davantage ;

ſi vous auriez mieux aimé que j'euſſe été la dupe de votre équivoque ; ou ſi vous auriez préféré que j'en ſentiſſe toute la malignité : je vous ai promis d'en rire, & je vous tiens parole. Je vous avouërai même que cette maniere ingênieuſe de Critiquer eſt ſi fort au deſſus de ma portée, que ſi j'avois eu à faire votre Extrait, j'aurois dit ſimplement : Que la Brochure en queſtion étoit dans le goût du Mathanaſius & des Antiquités de Chaillot. J'aurois fait remonter bien plus haut la Généalogie des Brochures Ironiques. Je n'aurois pas oublié le Compliment à l'Académie Françoiſe, qui a fait tant d'honneur à la prudence & à la diſcrétion de ſon Auteur. Les Voïages de Gulliwer ; l'Ecrit Ironique du Docteur Swift, qui empêcha le Miniſtére d'envoïer en Irlande une certaine quantité de Monnoïe de cuivre ; le Projet de faire 20000. Soldats de cire, pour le ſervice de la Grande Bretagne ; Projet qui devoit épargner à l'Etat des ſommes conſidérables ; & cent autres Brochures Angloiſes du même caractére : car Meſſieurs les Anglois, lorſqu'ils font un accuëil favorable à une Ironie Ingénieuſe, n'ont pas le goût aſſez fin pour y découvrir le Sel FATUUM ; quoiqu'il ait déja paru pluſieurs autres Ouvrages du même genre : Comme nous ne le trouvons pas dans Bourdalouë & dans Fléchier, qui ont emploïé des Apoſtrophes & des Proſopopées, dont on voit le modéle, tout au long, dans les Ecrits de Ciceron & de Démoſthene. J'aurois encore cité la Requête & l'Arrêt rendu en conſéquence, contre la nouvelle Philoſophie par Despréaux ; & la Requête des Dictionnaires par Ménage. Vous voïez, Monsieur, que j'ai eu un grand nombre de modéles à suivre, indépendamment du Mathanasius que j'ai lû avec beaucoup de plaisir, & des Antiquités de Chaillot, dont je ne connois que le nom.

J'ai trouvé tant d'esprit & de finesse dans l'Equivoque, par où vous avez fini votre Extrait, que j'ai fait tous mes efforts pour en imaginer quelqu'une qui pût du moins en approcher. Mais admirez mon incapacité, Monsieur, & jouissez de toute ma confusion, il ne m'a pas été possible de la saisir ! J'ai appris par une triste expérience, combien il est téméraire de vouloir s'élever jusqu'aux talens supérieurs d'un Observateur universel, qui a jugé, qui juge & qui jugera les Ouvrages de Grammaire ; Rhétorique ; Dialectique ; Philosophie ; Logique ; Physique ; Métaphysique ; Chronologie ; Histoire Sainte ; Histoire Ecclesiastique ; Histoire Profane ; Histoire Universelle ; Histoire Particuliere ; Histoire Ancienne ; Histoire Moderne ; Histoire Poëtique ; Histoire Naturelle ; Théologie Scholastique, Positive, Morale ; Médecine ; Pathologie ; Thérapeutique ; Chymie ; Botanique ; Anatomie ; CHIRURGIE ; Politique ; Jurisprudence ; Droit Public ; Droit Naturel ; Droit Civil ; Droit Ecrit ; Droit Coutumier ; Droit Canonique ; Droit Romain ; Droit François ; Mathématique ; Astronomie ; Astrologie ; Géographie ; Architecture ; Fortification ; Artillerie ; Navigation ; Pilotage ; Statique ; Hydrostatique ;

tatique; Horlogiographie; Méchanique; Gnomonique; Optique; Dioptrique; Catoptrique; Métopofcopie; Négromancie; Chiromancie; Pyrotechnie; Alchymie; Métallurgie: Acoustique; Poëfie Grecque, Poëfie Latine, Poëfie Françoife, Poëfie Italienne; Poëfie Portugaife; Tragédie; Comédie Françoife, Comédie Italienne, Comédie Efpagnole; Arts Méchaniques, Arts Libéraux; Mufique Françoife, Mufique Italienne, Mufique Ancienne; Danfe; Auteurs; Acteurs; Muficiens; Sculpteurs; Peintres; Organiftes; Symphoniftes; Dentiftes; Oculiftes; Charlatans, Baladins; Mimes; Pantomimes; Farceurs; Deffinateurs; Décorateurs; Gladiateurs; Machiniftes; Artificiers, &c. &c.

J'ai l'honneur d'être, &c.

FIN.

Fautes à corriger.

Prefque par tout où il y a CRITIQUE, lifez, MAUVAIS CRITIQUE.

AVIS.

NE vous laiffez pas tromper à l'Errata de la Feuille des Obfervations fur les Ecrits des Modernes, du doufiéme Septembre 1739. *N.* 272. *page* 48. *qui corrige une faute préméditée. La correction n'eft pas néceffaire; c'eft un prétexte préparé d'avance. L'Auteur a voulu fe ménager l'occafion de parler une feconde fois d'un Trait Ingénieux, qu'il fe rapelle avec complaifance.*

www.ingramcontent.com/pod-product-compliance
Ingram Content Group UK Ltd.
Pitfield, Milton Keynes, MK11 3LW, UK
UKHW020446180726
13839UKWH00004B/1660